RÉUNION DÉMOCRATIQUE DES REPRÉSENTANTS
DU PALAIS-NATIONAL.

Présidence de M. Dupont (de l'Eure).

RÉFLEXIONS

D'UN

CULTIVATEUR DU TRIÈVES (Isère),

SUR LES

ÉLECTIONS PROCHAINES.

PARIS.

IMPRIMERIE ÉDOUARD PROUX ET Cᵉ,
RUE NEUVE-DES-BONS-ENFANTS, 3.

1849.

RÉFLEXIONS

D'UN

CULTIVATEUR DU TRIÈVES (Isère),

SUR LES

ÉLECTIONS PROCHAINES.

———

Il est évident que, nous autres paysans, nous devons avoir maintenant la majorité, puisque les élections se font par le suffrage universel, et que nous sommes les plus nombreux. Pourquoi donc l'Assemblée nationale actuelle, par sa composition, ne nous a-t-elle pas donné raison sur ce point ?

Il faut le dire.

A la révolution de Février 1848, le trône de Louis-Philippe avait été renversé avec tant de facilité et la forme nouvelle de gouvernement si favorablement accueillie par tous que, vraiment, nous avions cru que les hommes qui se tenaient derrière le roi ou à côté de son vieux trône, et qui n'étaient pas partis avec lui, auraient profité de la leçon ; que voyant, comme nous, les résultats de leur politique tout aristocratique, ils se seraient dévoués à la jeune République sans arrière-pensée, en hommes supérieurs qu'on disait qu'ils étaient ; et que le peuple, enfin, pour le dire en un mot, aurait un gouvernement à bon marché.

Ce qui arrive n'est pas du tout ce que nous avions espéré.

Ainsi, nos impôts sont toujours énormes, pesant sur tout, atteignant tout, et grossis pour chacun, non pas en proportion de sa richesse, mais en progression contraire : on ne fait rien de grand pour l'agriculture, rien pour l'organisation de l'industrie, rien, pour empêcher le mauvais commerce, rien pour le travail, et rien enfin pour la bonne instruction du peuple.

A ce malheureux *statu quo*, il y a évidemment une cause, et en examinant avec soin ce qui se passe en fait de gouvernement, je n'hésite pas à trouver cette cause dans la composition de la majorité actuelle de l'Assemblée nationale. Il est certain pour moi, qui observe, que nous n'avons pas assez médité nos choix et que nous devons mieux le faire dorénavant.

C'est pourquoi il m'est venu à l'idée de vous présenter quelques *réflexions* à ce sujet, mes chers concitoyens de la campagne, et les voici :

Quand nous voulons acheter une paire de bœufs, par exemple, nous n'allons consulter ni le propriétaire du château, ni l'habitant de la cure, ni l'avocat du village, parce que nous savons qu'ils ne connaissent rien aux bœufs, de même pour une vache, pour un mouton, pour un champ, pour des travaux pratiques à exécuter, des semences à choisir, etc.

Nous laissons pleinement ces Messieurs de côté et nous nous en trouvons bien : si, par hasard pourtant, nous leur demandons leur avis, oh! ils ne restent jamais courts; ils parlent tant qu'on veut prêter l'oreille, et quand, après, nous voulons chercher par devers nous le sens de leurs longs discours, nous ne pouvons nous rappeler que des mots.....

Je m'avise à croire, que pour les choses politiques qui nous touchent aujourd'hui autant qu'eux, pour ne pas dire davantage, ils ne sont pas plus forts que sur les bœufs, et que tout simplement nous devons,

,dans cette occasion comme dans celles que j'ai signa-
lées ci-dessus, faire nos affaires nous-mêmes, après
nous être concertés cependant, et ne pas les écouter le
moins du monde quand ils se présenteront à nous
avec leurs magnifiques propos.

Camarades des champs et des villes, essayons cette
fois de ce système; et s'il nous prenait fantaisie, ou
si nous ne pouvions éviter de nous laisser conseiller en
quoi que ce soit, sur la chose politique, examinons
le conseiller, voyons ce qu'il a été, d'où il est venu
et où il veut aller; comment il vit, et dans quelle
société; cela est important. Si son travail consiste à
ne rien faire, méfions-nous, ou s'il travaille sans pro-
duire, spéculant sur la bonhomie des uns, sur la
faiblesse des autres..... méfions-nous plus encore...
Sachons enfin, une fois pour toutes, que si nous
avons de mauvais gouvernants qui nous administrent
pour notre malheur, la faute en est à nous, rien qu'à
nous...

Par le suffrage universel, entendez-le bien et re-
tenez-le mieux, le terrain nous appartient tout en-
tier, il s'agit seulement de s'entendre. Je vous pré-
viens cependant d'une chose : c'est que nos ennemis les plus acharnés ne manqueront pas, comme
ils l'ont déjà fait, de se présenter en bons apôtres ;

ne nous y laissons pas prendre, et que chacun de nous sache bien que si nous obtenons 500 représentants des nôtres, c'est-à-dire que la majorité des électeurs ait la majorité des élus, les affaires iront autrement qu'elles ne sont allées. Nous aurons d'abord l'exécution pleine et entière des lois républicaines qui existent, ensuite la promulgation de celles qui seront reconnues nécessaires ; ce qui n'est pas peu de chose quand on songe à notre devise : Liberté, Egalité, Fraternité.

Voyons donc ce que doivent être les institutions républicaines, et nous les aurons tôt ou tard ces institutions, quelque mauvaise volonté que certain parti veuille y apporter.

La Constitution de 1848 a dit que nous avions en France une République démocratique, c'est-à-dire un gouvernement en faveur du peuple.

Comme, précédemment, les gouvernements étaient contre le peuple, les institutions avaient été faites à leur image, et leur but principal était, quoi qu'on en dise, l'amoindrissement de toutes les facultés, soit intellectuelles, soit physiques. Les institutions républicaines doivent vouloir le contraire.

Si donc nous conservons les institutions telles

quelles, c'est simplement à la place du mot Monarchie mettre le mot République ; c'est avoir l'apparence et non la réalité. Ce qui doit être changé, il faut le changer, et le plus tôt incontestablement, n'en déplaise à nos représentants actuels, sera le meilleur ; mais dans quel sens ? c'est ce qu'il importe de bien définir, parce que, pour choisir des hommes qui travaillent dans l'intérêt du peuple, de ce grand et si bon peuple de France, il faut être profondément fixé d'avance sur le but que l'on veut atteindre. Et ce but, quel est-il ?

A notre point de vue, nous reconnaîtrons pour le véritable gouvernement démocratique celui qui ne mettra pas les impôts à la charge de la partie la moins fortunée de la nation ; qui fera payer chacun proportionnellement à sa fortune, et dans lequel on ne verra pas, comme à présent, un certain nombre de contribuables forcés d'aller tendre la main à ceux qui, jouissant de grosses rentes, peuvent n'être pas imposés.

Il y a donc à faire, et beaucoup, pour égaliser les charges selon les forces de chacun. Et d'abord, pourquoi *n'impose-t-on pas tout le revenu de l'argent, comme on impose le nôtre ?*

Pourquoi, en effet, puisqu'on nous enlève annuellement le sixième de notre revenu net, n'exigerait-
on pas un sacrifice semblable du revenu mobilier?

Les capitalistes, les notaires, les médecins, tous
les fonctionnaires rétribués du Gouvernement, et
bien d'autres encore dont l'énumération serait trop
longue, qui jouissent, *au moins autant que nous*, des
bienfaits de la société, doivent *au moins* concourir
autant que nous à ses charges.

Savez-vous ce que cette juste mesure produirait?
Le voici :

Le revenu mobilier s'élève en France à plus de
deux milliards de francs; or, en l'imposant dans la
même proportion que le revenu immobilier, on ob-
tiendrait une recette annuelle de plus de *trois cents
millions,* c'est-à-dire *le quart environ de ce que doit
être notre budget républicain.* Donc, la réparation
de cette seule injustice nous dégrèvera d'une forte
partie de nos charges.

Ce premier pas dans la réforme financière n'est
pas le seul que nous devions faire ; il est d'autres réformes non moins importantes par leur équité et par
les résultats qu'elles doivent nous donner.

1*

Quelques mots de développement :

Celui qui fait un petit commerce ou un petit métier, presque toujours insuffisant pour nourrir sa famille, est obligé de payer une patente bien lourde pour ses ressources.

Et le médecin, l'avocat, le notaire, le fonctionnaire grassement rétribué, etc., n'ont pas un sou à donner à l'Etat pour exercer leur lucrative profession.

Non, il n'est pas juste que la mansarde de l'ouvrier et que l'ouverture destinée à donner un peu d'air à nos demeures, paient autant que l'élégante fenêtre des somptueuses habitations du riche ;

Il n'est pas juste que la piquette du pauvre travailleur paie des droits aussi élevés que les vins fins dont les opulents se délectent ;

Il n'est pas juste que la cote personnelle de l'indigent soit égale à celle du millionnaire ;

Il n'est pas juste que les denrées de première nécessité, telles que le sel, la viande, les boissons, etc., soient imposées au point que nous soyons obligés de nous en abstenir ou de limiter notre consommation à l'indispensable nécessaire, tandis que les chevaux de carrosse et de selle, la nombreuse domesticité des riches et tout le luxe inutile que donne la fortune, sont exempts de droits.

L'impôt par prestation n'est pas juste non plus, car la perte d'une journée est bien plus préjudiciable au pauvre qu'au riche. Et d'ailleurs, est-ce que sa base n'est pas souverainement inique ? Comment, vous faites payer la journée du riche propriétaire, du riche banquier, etc., le même prix que celle du plus pauvre de la nation !

Il est encore mille autres choses aussi injustes qui doivent nous faire demander bien haut de promptes réformes dans ces matières.

Déjà avec les quelques modifications que je viens d'indiquer, et qu'il ne dépend que de nous d'obtenir, nous pouvons diminuer nos charges de moitié.

Mais ce n'est pas tout que l'allégement de nos charges : nous sommes encore en droit d'exiger l'équitable répartition des bienfaits de la société. Jusqu'ici, qu'a-t-on fait pour nous qui donnons tout à la patrie ? Rien... Jusqu'ici, on ne s'est occupé que des moyens de nous appauvrir ; il est temps que l'on s'applique à nous doter d'institutions propres à augmenter notre bien-être. Les moyens existent, ils sont simples et d'une facile application ; nous allons en dire quelques mots.

Le Gouvernement des rois a constamment visé à deux résultats : prendre au peuple le plus qu'il pouvait ; lui rendre le moins possible.

Nos ancêtres (et cela n'est pas bien vieux) étaient vendus, battus ou pendus, selon le bon plaisir du roi ou de ses barons. Etant esclaves, ils ne pouvaient devenir propriétaires, et tout leur temps appartenait à leur seigneur et maître.

Notre première République brisa toutes ces iniquités et nous fit ce que nous sommes : libres et ne relevant que de nous et de la société, dont nous sommes les membres les plus nombreux et les plus utiles. De là toutes les calomnies que nos anciens maîtres, déchus de leur grandeur impie, lancent contre la République pour nous la faire haïr.

Aujourd'hui, c'est une nouvelle transformation qui doit s'opérer, et qui doit nous rendre égaux en droits à ceux qui, hier encore, étaient tout-puissants par leur fortune ou par leur position.

Déjà le plus petit d'entre nous est électeur et éligible, ni plus ni moins que le plus gros propriétaire ou que l'homme de loi le plus fin. Déjà les vrais représentants du peuple que nous avons nommés aux dernières élections, se sont efforcés de diminuer les dépenses de l'Etat, ce qui nous promet, pour l'année prochaine, une pareille diminution, dans nos impôts ; et remarquons bien que jamais les anciens députés nommés par les riches n'ont fait qu'augmenter le budget au lieu de l'amoindrir. Et cela se comprend de reste : ils étaient presque tous partie prenante par eux ou les leurs.

Mais encore là, n'est pas tout ce que nous devons espérer : il faut, ainsi que nous l'avons déjà dit, que la plus parfaite égalité soit établie, relativement aux charges que doivent supporter la fortune mobilière et la fortune immobilière ; il faut que l'on supprime entièrement les droits qui pèsent sur les denrées de première nécessité ; il faut que l'on impose tout ce qui est de pur agrément et dont quelques hommes seulement sont appelés à jouir; il faut enfin que dans la répartition des ressources de la société nous ayons notre part proportionnelle, et qu'on nous dote d'institutions utiles au développement de notre intelligence et de notre bien-être.

Pour donner un exemple de ce que l'on peut faire dans notre intérêt, disons deux mots des banques

immobilières et de l'enseignement professionnel de
l'agriculture.

Les banques immobilières, telles que les bons esprits les ont conçues, ont pour but de nous délivrer de la tyrannie des usuriers. Elles sont nécessaires, puisque ceux d'entre nous qui sont obligés d'emprunter se voient peu à peu ruinés par le taux élevé de l'argent, et elles deviendront indispensables du jour où l'on établirait l'impôt sur le revenu mobilier, parce qu'alors les capitalistes voudraient élever encore l'intérêt de leurs prêts, afin de s'indemniser de l'impôt qu'ils ne sont pas habitués à payer.

L'établissement de ces banques est facile et ne présente aucun danger.

Supposons un instant que je prête 400 francs à Jean, dont la propriété vaut 800 francs. Je lui prête cela au simple intérêt de 5 pour 100, soit 20 francs par an. Mais, comme il est impossible que l'intérêt reste plus élevé que le produit de la terre, qui est d'environ 3 pour 100, cet intérêt de 5 pour 100 comprendra 2 pour 100 d'amortissement qui, affectés annuellement à l'extinction du capital, atteindra ce résultat au bout de trente années.

Il est évident que mon capital ne court aucun risque, puisque le gage qui le garantit vaut le double, et que Jean, pouvant disposer d'une somme de 400 fr. pour faire valoir sa propriété, l'améliorera, l'augmentera, accroîtra ainsi son bien-être et en même temps la valeur du bien qu'il aura donné pour gage.

Supposons à présent qu'au lieu de moi, le prêteur soit le Gouvernement de la République ou une grande association; qu'au lieu d'écus on délivre à l'emprunteur un bon pour la valeur convenue et que représente la propriété foncière de l'emprunteur; que ces bons soient reçus dans toutes les transactions, comme le sont les billets de banque.

Que résulterait-il d'une telle institution ?

1° Que ceux dont les propriétés sont aujourd'hui grevées d'hypothèques, et qui ne peuvent qu'à grand'peine payer les intérêts de leurs dettes, emprunteraient à cette institution pour se libérer de leurs onéreuses charges. Cette substitution de créancier serait toute à l'avantage du cultivateur, qui, dès lors, n'aurait plus qu'un intérêt raisonnable à servir et qui, payé chaque année, diminuerait d'autant le capital.

2° Que le propriétaire trouverait toujours et aisé-

ment l'argent dont il aurait besoin ; qu'il serait exo-
néré d'une partie des frais de notaire et d'enregis-
trement, et qu'enfin, après un certain laps de temps,
il aurait son bien franc et liquidé.

3° Que les sommes énormes que ces emprunts
verseraient bientôt dans la circulation, favorisant
le commerce et l'industrie, ne tarderaient pas à ac-
croître la prospérité générale et par conséquent à
améliorer les finances de l'Etat.

Passons à l'enseignement agricole. Il n'y a guère
qu'un demi-siècle, la France n'avait ni bonnes rou-
tes, ni mines habilement exploitées, ni rivières faci-
lement navigables, etc., etc. Notre première République, que l'on injurie si fort, vit le mal, créa l'E-
cole polytechnique, et voilà que la France possède
aujourd'hui tout ce qui lui manquait alors.

L'Assemblée nationale constituante de 1848 com-
prenant que, du côté de l'agriculture, rien n'avait
été fait, a voulu réparer cette lacune, et c'est pour
atteindre ce but qu'elle a décrété l'enseignement
agricole ; d'après ce décret, le ministre doit trouver dans chaque département d'abord, et, plus tard,
dans chaque arrondissement et dans chaque canton,
un habile fermier auquel il paiera la pension d'un

certain nombre d'élèves pris parmi les enfants des cultivateurs les plus pauvres. A cette école pratique, les élèves apprendront tout ce que doit savoir un bon fermier.

En sortant de leur apprentissage, ceux de ces jeunes gens qui auront montré le plus de dispositions, entreront dans les écoles d'un degré plus élevé, qui seront établies sur différents points du territoire de la République et où leur instruction sera complétée de manière à les mettre en état de pouvoir diriger, soit comme fermiers, soit comme gérants, de grandes propriétés. Il y a enfin une troisième école où seront appelés, toujours gratuitement, ceux qui se seront le plus distingués dans les écoles régionales : c'est l'Institut agricole. Là, leur éducation théorique et pratique s'achèvera entièrement, et les rendra propres à devenir professeurs à leur tour ou à être mis à la tête des plus grandes exploitations rurales.

Ainsi, l'enfant du pauvre, qui, jusqu'ici, avait été condamné à l'ignorance comme nous, pourra désormais, sans qu'il en coûte un sou à ses parents, devenir, selon son aptitude et son travail, un bon cultivateur, un habile directeur ou un savant profes-

2*

seur. Oh ! ce seul bienfait du Gouvernement démocratique est déjà assez grand pour nous faire bénir
la République par nous qui n'avons jamais connu
la monarchie que par le mal qu'elle nous a fait.

Que le ministre de l'agriculture veuille donc, par
tous les moyens, mettre au plus tôt à exécution le décret de l'Assemblée : qu'il prenne garde surtout de
ne pas se laisser tromper par les beaux agronomes
de salon.

Je n'insisterai pas plus : vous devez comprendre,
mes amis, tout ce que l'avenir nous promet d'améliorations et tout ce qu'il y a de fécondes espérances
dans la seule forme du Gouvernement républicain.
Mais, je le répète, et à dessein, c'est de nous, c'est
de nos choix que dépend notre complète régénéra-
tion.

Ne nous laissons donc pas séduire par de belles
promesses, et évitons par dessus tout d'envoyer à
l'Assemblée nationale des hommes qui, n'ayant aucun intérêt à ces améliorations, n'en veulent pas,
n'en ont jamais voulu et n'en voudront jamais, et qui,
par conséquent, sont naturellement incapables de
faire de bons représentants du peuple.

En conséquence, examinons quels sont les hommes

que nous devons éviter de choisir, ils sont malheureusement nombreux, et puis, au contraire, ceux que nous choisirons.

Nous devons éviter d'abord, et en règle générale, tous ceux qui, sans un travail productif, vivent de spéculations sur la misère des autres.

Ainsi tous les usuriers, prêtant à gros intérêts, sous quelque forme qu'ils se dissimulent.

Ceux qui vendent au petit cultivateur à terme et à un prix élevé, une marchandise qu'ils sont certains de racheter trois mois plus tard à moitié prix. Ces spéculateurs sont très communs chez nous et les plus dangereux, en ce qu'ils placent leur argent, si l'on compte bien, à un taux incroyable, et surtout en ce qu'ils nous ruinént sans que la loi puisse les atteindre, et tout en ayant l'air de nous rendre service.

Gardons-nous de donner nos suffrages au commerçant de mauvaise foi qui, après avoir impudemment trompé la confiance de son client, ose encore appeler *savoir-faire et habileté commerciale* ce que les honnêtes gens appellent *mensonge et friponnerie.*

Ne donnons pas non plus nos voix à ces avocats dont la parole brillante plaide le *pour* et le *contre,* et qui ne considèrent une cause comme bonne que si elle doit leur rapporter beaucoup.

Excluons ceux des magistrats chargés de rendre à tous bonne justice, et qui souvent, pour un cadeau, pour une flatterie, font pencher la balance tantôt à droite, tantôt à gauche.

Ne votons pas non plus pour les notaires, ces conservateurs de la probité publique, quand ils joignent à leur utile profession des opérations de banque et d'agiotage.

Rejetons le médecin qui court avec empressement chez le riche et n'a jamais le temps de franchir le seuil du pauvre.

Avant de leur accorder notre confiance, observons bien les gros industriels, et voyons si, au lieu de faire *beaucoup* de bien, en donnant du travail à *beaucoup* d'ouvriers, ils ne cherchent pas plutôt à faire *beaucoup* de bénéfices pour eux-mêmes, en exploitant l'habileté, la force et la santé de ceux qu'ils prétendent protéger. Examinons encore s'ils n'usent pas de leurs grands capitaux pour ruiner, par une concurrence insoutenable, les petits établissements industriels.

Je vous donne les mêmes conseils au sujet des

grands propriétaires terriers, qui louent leurs biens si cher, que le pauvre fermier qui les exploite peut à peine gagner son pain, et arrive à la vieillesse sans ressource et sans avoir eu un instant de tranquillité ou de joie pendant sa misérable existence.

Méfions-nous des grosses épaulettes qui aspirent à l'honneur de nous représenter. Leur épée, si utile devant l'ennemi, a déjà fait de profondes blessures à la liberté. D'ailleurs, nos généraux vivent depuis trop long-temps loin du peuple pour connaître ses souffrances et ses besoins, et leur longue habitude du commandement militaire ou de leur obéissance passive, les entraîne malgré eux à prendre ou à exécuter des mesures despotiques qui ne conviennent ni à nos mœurs ni à notre dignité.

Prenons bien garde de ne pas nous laisser éblouir par la gloire de ces poètes, de ces écrivains, de ces journalistes qui écrivent de si belles choses et en font souvent de si laides ; qui prêchent la fraternité et professent l'égoïsme ; qui parlent tout haut en faveur du peuple et le méprisent tout bas.

Nous avons aussi des vicaires, des curés, des pasteurs qui brigueront nos suffrages. Mais leur place est-elle bien dans une Assemblée qui décide de la paix et de la guerre ? Dans une Assemblée dont un des premiers devoirs est de s'occuper surtout des intérêts de ce monde ? Je ne le crois pas, et il me semble que le prêtre doit être à son église comme le général à son armée : c'est là qu'ils peuvent faire le plus de bien.

Nous n'en finirions malheureusement pas si nous voulions passer en revue tous ceux que nous devons repousser ; mais je crois en avoir assez dit pour vous faire comprendre ma pensée : surtout si j'ajoute que nous devons être inexorables pour tout candidat, quelles que soient sa position et sa fortune, s'il ne joint pas à une probité irréprochable, une grande pureté de mœurs.

En général, n'accepter pour représentants aucun fonctionnaire public, par la raison bien simple que, ne vivant pas de la vie du peuple, ils ne peuvent s'intéresser à ses besoins.

Maintenant il nous reste à examiner quelles sont les qualités que nous devons exiger du candidat pour qu'il mérite notre confiance.

Malgré les nombreuses exclusions que nous venons d'énumérer, nous avons encore largement de quoi choisir, même parmi quelques-unes des professions dont nous avons parlé.

Ainsi nous avons :

Le commerçant consciencieux qui, ne se considérant que comme l'intermédiaire obligé entre le producteur et le consommateur, ne cherche jamais, par d'indignes tromperies, à faire des bénéfices scandaleux ;

L'avocat qui ne défend que le droit ou le malheur, et dont le talent n'est pas subordonné au salaire ;

Le notaire qui refuse de faire un acte dont le résultat est de consacrer une spoliation ; qui éclaire ses clients, et use, dans leur intérêt, de sa connaissance des affaires ;

Le médecin qui fait payer au riche les soins qu'il ne refuse jamais au pauvre ;

L'industriel, quand il fait participer ses ouvriers à ses bénéfices ;

Le propriétaire qui loue ses biens à des prix assez modérés pour que ses fermiers puissent vivre commodément et se créer une ressource pour leurs vieux jours ;

Le littérateur, le journaliste enfin, quand leurs actes sont d'accord avec leurs écrits, et que surtout leurs écrits tendent à améliorer le sort du peuple.

Il faut encore, à quelque profession qu'il appartienne, *que notre candidat soit né du peuple et qu'il en ait conservé les instincts ;* qu'il connaisse les souffrances et les misères de notre vie, et qu'il ait un ardent désir d'appliquer le remède qui convient à nos maux ;

Qu'il ait l'intelligence éclairée et le cœur loyal, qu'il considère son mandat comme un grand et difficile devoir à remplir, et jamais comme un moyen d'élévation personnelle ; qu'il soit jaloux de l'honneur de son pays, et zélé propagateur des doctrines libérales ; que ses mœurs soient irréprochables, et qu'il ait toujours rempli scrupuleusement ses devoirs d'homme et de citoyen.

A ces conditions toutes morales, il faut encore qu'il joigne la force physique nécessaire pour résister aux travaux assidus que lui impose son mandat ; qu'il soit assez jeune pour conserver toute l'énergie de son intelligence, et assez âgé pour qu'il ait acquis l'expérience des choses de la vie. Le vieillard et l'adolescent sont aussi nuisibles l'un que l'autre dans une assemblée politique : celui-ci par trop de confiance dans le succès des théories nouvelles, celui-là par une trop grande défiance pour tout ce qui n'a pas encore été appliqué.

Guidons-nous d'après ces principes, mes concitoyens de la ville et de la campagne, et bientôt nous verrons une Assemblée d'hommes énergiques et dévoués, employant sans relâche tout leur temps, toutes leurs facultés à résoudre le grand problème qui doit, dans un prochain avenir, nous arracher à l'esclavage de la misère et faire de nous des hommes libres, indépendants, et aussi heureux que DIEU, LE PÈRE DU RICHE COMME DU PAUVRE, voudra permettre que nous le soyons.

VIVE LA RÉPUBLIQUE DÉMOCRATIQUE, UNE ET INDIVISIBLE!

FÉLIX PYAT AUX PAYSANS.

Aux hommes de la glèbe, aux véritables fils du sol, aux plus pauvres et aux plus nombreux, aux plus laborieux et aux plus patients de nos concitoyens, aux prolétaires des campagnes, aux paysans ! — Ce nom de paysans, que l'aristocratie leur donne comme une injure, est le plus vieux, le plus vrai titre de noblesse et de gloire ; c'est le nom patriote par excellence. — Paysan veut dire homme du pays, cultivateur du pays, défenseur du pays !

C'est, en effet, le paysan qui cultive la terre où il est né, qui la féconde de ses sueurs ; c'est lui le nourricier du peuple, c'est lui qui produit le pain et le vin, ces deux éléments de la force humaine, ces deux signes de la communion religieuse, choisis exprès pour prouver que le besoin unit l'homme à l'homme, à la nature et à Dieu. — C'est lui qui brave l'inimitié des saisons, qui combat, qui dompte la glèbe et conquiert les moissons. Ah ! celui qui nourrit le pays peut bien s'appeler le paysan !

C'est encore le paysan qui défend la terre, qui verse le plus de sang pour elle, qui change, quand il le faut, de fer comme de moisson, qui marche à la frontière pieds nus, sans pain, au chant de la

Marseillaise, formant les quatorze armées de la République , et fauchant l'ennemi comme un blé mûr.

Ah ! celui qui sauve le pays doit s'appeler le paysan ! Honneur donc au soldat ! honneur au laboureur ! deux fois honneur au paysan !

Quant aux seigneurs et maîtres, ils ont raison de laisser ce nom de paysan aux autres ; ils ne sont pas dignes de le porter, ils ne le méritent pas, ils n'y ont pas droit ; ils ne sont pas paysans. Au contraire :
— Ces hommes sont, comme dit Homère, les inutiles fardeaux de la terre ; ils l'ont asservie et non servie, ils l'oppriment quand ils l'habitent , ils en jouissent en temps de loisir, ils l'abandonnent à l'heure du danger, que dis-je ? ils en montrent le chemin à l'étranger : ils l'ont trahie, vendue, et en ont reçu le prix, le milliard d'indemnité !... ce denier de Judas... avec cette différence que Judas, après avoir touché l'argent, allait se pendre de honte et qu'ils allaient danser.

Oh ! non, ils ne s'appellent pas paysans, ils ne sont pas paysans ; ils s'appellent nobles et sont traîtres.

O chers porte-blouses ! vous tous paysans, ouvriers, *canaille et manants*, pauvres gens des campagnes et des villes, que faisiez-vous pendant que les nobles dansaient avec les alliés ? Vous pleuriez dans vos chaumières, dans vos mansardes ; vous pleuriez sur notre honneur et notre fortune en ruines, vous restiez fidèles à vos regrets, à vos espérances, à la haine des rois, à l'amour du pays ; vous gardiez au coin du foyer, auprès de vos armes encore noires de poudre, quelque sainte image des héros de la France ; vous gardiez au fond de vos cœurs la religion de la patrie et de la liberté ! — Oui.... et pour comble de misère, ceux qui avaient tué vos derniers fils, versé votre dernier sang, vous arrachaient encore votre dernière obole pour payer les violons de la danse.

Paysans ! il dépend de vous de ne plus revoir ces jours d'opprobre et de malheur. Vos frères des villes, les ouvriers, vous ont délivrés de ce régime odieux ; le peuple de Paris, ce grand artiste en révolutions, vous a débarrassés des rois, vous a fait libres et citoyens ; il vous a conquis le suffrage universel !..... Ah ! gardez-le bien ! La République est dans vos mains, vous êtes les plus nombreux, vous êtes 24 millions sur 35. Vous êtes les plus forts.

Vous venez d'essayer votre force par l'élection du président, cet homme que vous avez chargé d'user cette vieille forme, ce vieux reste, ce chicot de monarchie qu'on appelle la présidence ; cet homme que vous avez chargé de donner une troisième et dernière preuve contre l'hérédité, de prouver une dernière fois qu'un nom le plus grand, le plus glorieux peut représenter, à la fois, l'extrême génie et l'extrême... l'extrême contraire. Vous savez ce que vous pouvez, et vous pouvez ce que vous voulez !... Faites donc bien attention au choix de vos représentants ; n'allez pas prendre les loups pour les bergers, l'ivraie pour le froment, les royalistes pour les républicains. Défiez-vous de vos éternels ennemis, ces amis vêtus de noir et qui n'en sont pas moins blancs.

Que la blouse grise s'entende avec la blouse bleue, le travailleur des champs avec l'ouvrier des villes, car leur cause est une et commune ; c'est la cause du travail, car c'est vous tous qui faites ensemble les frais de la paix et de la guerre ; qui payez l'impôt de l'argent comme l'impôt du sang : c'est aussi la cause de la civilisation ; car le terme approche où la France doit être cosaque ou républicaine. Il dépend de vous d'exterminer, — entendez-vous ? — d'exterminer pour jamais la royauté, la misère et l'ignorance, toutes les tyrannies. Il dépend de vous, de vos choix, que vous soyez vraiment libres et souverains ! — que nous ayons enfin la République ! — non pas cette fausse République, cette République du juste-milieu, la République des 45 centimes et des budgets de 1,800 millions, non pas la République des Rateau, des Barrot, des Bugeaud ! la République du *chacun pour soi, chacun chez soi*..., la République d'égoïsme et d'injustice, de violence et de peur, qui n'a d'armée qu'à Paris, qui vient faire de la France une Hongrie et de nos généraux des bans de Croates ! Non pas cette République demi-troupière, demi-bourgeoise, qui a mis un tricorne par dessus son bonnet de coton, et qui court après les rois et les papes perdus ; mais la République de tous pour tous, la République de courage et d'honneur, de vérité et de justice, la République du crédit et du travail, d'association et d'assurance, de solidarité et d'amour.

Oui, il dépend de vous que nous ayons la vraie République, la République *démocratique et sociale* !... où vous puissiez vivre, vous et vos familles, en travaillant, où vous puissiez enfin manger le blé que vous aurez semé, boire le vin que vous aurez récolté.

Un dernier mot : il dépend de vous que vos femmes apprennent à leurs enfants, dans la langue de leurs pères, les mots si doux de *liberté, égalité, fra-*

ternité, ou que le knout des Cosaques leur apprenne, dans une langue étrangère, les noms durs d'esclave, de maître et d'ennemi !

Paysans, la patrie est encore en danger ; c'est à vous de la sauver encore... Vous la sauverez, cette fois, pacifiquement, non plus par les armées, mais par vos votes, par la seule force du nombre et de l'union. Vous sauverez la République, la France et l'humanité !

M. ODILON BARROT EN 1847.

Au banquet de Montargis, en septembre 1847, M. Odilon Barrot a prononcé le discours suivant :

« En présence de ces symptômes qui éclatent jour par jour, que fait notre gouvernement ? Il s'entête dans ces voies fatales, résolu à les suivre jusqu'à l'abîme. Au lieu de faire appel à tout ce que la publicité a de plus énergique pour l'aider à extirper le mal, la publicité l'importune, elle lui est odieuse, et le voilà misérablement occupé à cette guerre de procès contre la presse, *qui n'a jamais profité à aucun pouvoir.*

» Cependant, le jour des épreuves s'avance. La France a sa mission dans le monde. Elle le voudrait qu'elle ne pourrait s'y soustraire. « Partout où une » nationalité est menacée, partout où un peuple » aspire à l'émancipation, partout enfin où le droit » est sous le coup d'une force oppressive, que la » France le veuille ou ne le veuille pas, c'est vers » elle que les yeux sont tournés » : tout droit méconnu espère en nous. (Sensation.) C'est la haute et universelle philosophie de nos institutions, c'est notre histoire, c'est la nature si expansive et si sympathique du caractère national, « qui nous impose ce » rôle et nous condamne à cette mission. » (Approbation prolongée.) Voyez combien cette foi des peuples en nous est opiniâtre ; rien n'a pu la détruire, ni la proclamation de cette politique égoïste, « cha- » cun pour soi, chacun chez soi » , ni la Pologne abandonnée, ni les premiers martyrs de l'Italie livrés à leurs bourreaux, ni le triste avortement de notre protectorat en Orient.

» Aujourd'hui, tout fermente, tout s'agite dans le monde, la Providence travaille à son œuvre de civilisation et de liberté par des voies différentes, tantôt par les conflits sanglants de la guerre, tantôt par le travail plus lent et peut-être plus assuré de la paix. Elle l'a mise à profit, cette longue paix qu'elle nous a donnée ; tout a subi l'épreuve de l'examen et de la discussion ; les rapports des peuples entre eux, des peuples avec un gouvernement, tout a été éclairé. Il s'est formé dans le monde comme un vaste enseignement mutuel, une solidarité de sentiments et de justice. Les gouvernements les plus absolus sont obligés de compter avec cette commune opinion des peuples. Pourquoi l'étouffement de Cracovie, de ce petit Etat qui n'avait qu'une existence nominale, à peine connu dans le monde, a-t-il excité ce frémissement universel d'un pôle à l'autre? « C'est » qu'il n'y a plus, qu'il ne peut plus y avoir d'op- » pression partielle ni d'iniquité locale ! c'est que » l'attentat qui frappe l'un est ressenti par tous. » (Bravos prolongés.)

» De tous ces droits opprimés, de toutes ces aspirations vers l'indépendance et la liberté, s'est formé ce volcan humain qui a un foyer partout où l'humanité souffre : en Italie, en Espagne, en Portugal, en Suisse. La France, placée au centre de tous ces foyers d'agitations et de douleurs, ne saurait demeurer immobile et indifférente. *En vain un gouvernement lâche voudrait-il se blottir dans l'égoïsme de sa politique,* vainement voudrait-il ruser, tantôt avec les peuples, tantôt avec les rois ; vainement se mettrait-il à la suite de l'Autriche en Suisse, de l'Angleterre en Portugal, le temps de ces expédients, de tous ces petits services de police diplomatique, rendus aux gouvernements absolus, pour faire pardonner son origine, ce temps est passé, et la marche fatale des évènements replace la France sous les nécessités d'une politique active et nationale. (Très vifs applaudissements.)

» ..... Si, poussée par le sentiment fatal de sa conservation, l'Autriche se jetait de nouveau sur les Etats indépendants de l'Italie, si le conflit s'engageait entre les gouvernements et les peuple de l'Italie combattant pour les droits de leur nationalité, et. l'Autriche attaquant pour ce qu'elle appelle la sécurité de sa domination, la France, je vous le demande à tous, quelque amis de la paix que vous puissiez être, la France pourrait-elle rester indifférente en présence de cette lutte. (Non ! non !) Vous avez répondu. Les canons, comme on l'a dit, partiraient tous seuls. (Applaudissements chaleureux et prolongés.)

» Autant qu'il était en lui, le gouvernement nous a condamné à l'impuissance ; mais la France ne peut pas abdiquer sa mission sans s'abdiquer elle-même, cette mission qui fait sa gloire et ses dangers, que la conscience des peuples lui assigne. Faire descendre la France du premier rang, c'est la dégrader, c'est la tuer, car après le premier rang il n'y en a plus pour elle. (Grande sensation. — Bravos répétés.) »

M. Odilon Barrot était alors simple député sous la royauté de Louis-Philippe. Aujourd'hui, M. Odilon Barrot est le premier ministre de Louis-Napoléon. Il renie toutes les doctrines qu'il professait autrefois. Il est le chef du gouvernement des *honnêtes gens.*

FIN.

Impr. ÉD. PROUX et Cᵉ, rue N.-des-Bons-Enfants, 3.